Dalai Lama: Die Buddha-Natur

Dalai Lama

Die Buddha-Natur

Tod und Unsterblichkeit im Buddhismus

Aquamarin Verlag

Deutsche Originalausgabe
2. Auflage 2002

Voglherd 1 • D-85567 Grafing

Das in tibetischer und englischer Sprache geführte Gespräch mit seiner Heiligkeit wurde von Christof Spitz übersetzt.

Titelfoto: Georg Carl
Fotos: Georg Carl, Astrid Jung
Umschlaggestaltung: Annette Wagner

Druck: Ebner • Spiegel, Ulm
ISBN 3-89427-079-9

Inhalt

Vorwort

Ein weiser Zen-Meister sagte einmal: Worte sind ein sehr unvollkommenes Instrument, aber wir haben kein besseres. Darum versuchen wir, geistige Dinge mittels der Worte zu beschreiben.

Zu einer anderen Zeit und an einem anderen Ort, gelangte irgendjemand zu einer fast identischen Definition hinsichtlich der Mängel der Demokratie. In welcher unvollkommenen Welt leben wir leider immer noch! Den einzig sinnvollen Weg aus dieser Unvollkommenheit sehe ich in der Arbeit. In der Arbeit an sich selbst, an der Umwelt und an den Problemen des Alltags.

Das Buch, das Sie gerade in den Händen halten, ist keine leichte Lektüre. Es ist aber auch nicht leicht, an der eigenen Entwicklung zu arbeiten.

In Tibet erforschen seit fast anderthalb Jahrtausenden die Weisesten der Weisen theoretisch – und mittels der buddhistischen Meditation auch praktisch – das Wesen des menschlichen Geistes. Ich kenne niemanden, der mehr berufen wäre, die Ergebnisse dieser Arbeit zu deuten, als das Oberhaupt aller tibetischen Buddhisten, Seine Heiligkeit der XIV. Dalai Lama. In diesen Tagen, in denen die Zeit der Hoffnung für seine leidende tibetische Heimat vor unseren Augen von Tag zu Tag zerfließt, ist seine Botschaft immer dringlicher.

Václav Havel

Einleitung

Die Frage nach den Vorstellungen von Tod und Unsterblichkeit im Buddhismus, und damit die Frage nach der Individualität und dem ewigen Leben, stehen seit fast zweieinhalb Jahrtausenden im Zentrum des Dialoges über die Lehren des Buddha. Die weitverbreitete Überzeugung, die Anatman-Lehre sei eine Lehre des Nicht-Selbst und damit die Verneinung einer unsterblichen Individualität, hat gerade im Gespräch mit den theistischen Religionen des Abendlandes zu Mißverständnissen geführt.

Der Dalai Lama nahm anläßlich seiner zahlreichen Auslandsreisen in Vorträgen und Gesprächen gelegentlich zu dieser Frage Stellung, allerdings nicht so umfassend, wie es die Bedeutung der Thematik eigentlich erforderlich macht. Im Rahmen meines vorangegangenen Gespräches mit Seiner Heiligkeit, das im Anhang dieses Buches angefügt ist, wurde ein erster Versuch unternommen, sich dieser Problematik tiefschürfend anzunähern. Leider zwang der dichtgedrängte Terminplan anläßlich der Salzburger Festspiele den Dalai Lama dazu, unseren Dialog unvollendet zu lassen. Er lud mich daher ein, diesen Gedankenaustausch in umfassenderer Form am Sitz seiner Exilregierung, im nordindischen Dharamsala, fortzuführen.

Die Reise nach Dharamsala gestaltet sich auch im Zeitalter des Düsenjets noch immer als Pilgerschaft, wenngleich der nach dreißig Stunden Flug, Zugfahrt und Autotrip erschöpfte Europäer meistens sehr schnell beschämt wird, wenn er von den unglaublichen Entbehrungen hört, welche die Tibeter auf sich nehmen mußten, um nach Dharamsala zu gelangen. Abenteuerliche Touren von mehreren Monaten sind dabei keine Seltenheit. Getragen werden diese oft ganz einfachen Männer und Frauen von einer einzigartigen Liebe und Hingabe zu *ihrem* Dalai Lama. Es wird mir unvergeßlich bleiben, wie eine uralte, völlig gebückte Tibeterin (vgl. Bild S. 41) versuchte, den Tempel zu umrunden, in dem Seine Heiligkeit eine Puja zelebrierte. Leider wurde sie immer wieder von Sicherheitskräften zurückgewiesen, und nur mit Mühe und endloser Geduld gelang es ihr schließlich, Zutritt zum Inneren zu erhalten. Meinen Begleitern und mir erschien diese Frau gleichsam wie ein Symbol, eine Inkarnation des tibetischen Schicksals – in vollkommener Hingabe an den Buddha und den Dalai Lama, aber schwer gezeichnet von ihrem leidvollen Lebensweg.

Das Treffen mit dem Dalai Lama stand unter einem guten Stern, denn am Tag nach unserer Ankunft in Dharamsala fand die Einweihung des neuen tibetischen Kulturzentrums, des Norbulingka-Institutes, statt. Mit den Mitteln aus dem Nobelpreis und durch die Hilfe eines japanischen Mäzens errichtet, stellt es ein einzigartiges Kulturdenkmal dar und wird in der Zukunft einen Hort für die Weisheit des tibetischen Buddhismus bilden (vgl. Bilder S. 42 u. 43). Eine seiner Aufgaben soll es auch sein, den inter-religiösen Dialog zu fördern, und unser Gespräch mit Seiner Heiligkeit stellte bereits einen ersten Meilenstein dafür dar.

Nach ausführlichen Sicherheitskontrollen begrüßte uns der Dalai Lama mit großer Herzlichkeit in seinem Empfangsraum im Obergeschoß des neuen Tempels im Norbulingka-Institut. Er wirkte auf mich, der ich ihn bisher nur in Europa erlebt hatte, in seiner vertrauten Umgebung noch kraftvoller. Es schien mir, als sei er unmittelbar an sein ihm ureigenes Energiefeld angeschlossen. Meint man als Europäer gelegentlich, *nur* einem tibetischen Mönch zu begegnen, gemäß den eigenen Worten Seiner Heiligkeit, so unterliegt es keinem Zweifel, daß der Besucher in Dharamsala auf den Dalai Lama trifft, eine Verkörperung von Avalokiteshvara, dem Bodhisattva des Mitgefühls.

Das Gespräch entfaltete sich umgehend in großer Intensität, und es wurde schnell deutlich, wie sehr dem Dalai Lama die Thematik am Herzen lag. Dies wurde unterstrichen durch den Sachverhalt, daß Seine Heiligkeit oft vom Englischen ins Tibetische wechselte, um philosophisch mit äußerster Präzision zu antworten. Die Zeit scheint während solcher Gespräche stillzustehen, und erst beim Abschied, wenn Seine Heiligkeit seinen Gästen den weißen Schal um den Hals legt, nimmt der normale Zeitverlauf wieder seinen Anfang.

Im Vorhof des Tempels begrüßten uns die durchdringenden Klänge der tibetischen Musiker und Tänzer und holten uns vollends auf den harten Boden der indischen Wirklichkeit zurück.

I.
Die Buddha-Natur

PM: Im Pali-Kanon findet sich der Satz: „Es gibt, Mönche, ein Ungeborenes, Ungewordenes, Nichtgemachtes." Das ist eine Aussage über das Absolute in der buddhistischen Philosophie.

In Ihren Harvard-Vorlesungen sagen Sie (Kapitel V), daß „(die Nur-Geist-Schule, die den Schriften folgt ...) die Buddha-Natur mit dem Samen für eine unbefleckte Ursprüngliche Weisheit gleichsetzt, (der ihrer Meinung nach in dem Allem-zugrundeliegenden Bewußtsein ruht)". Dann zitieren Sie aus den Lehren des Höchsten Yogatantra, wonach „das innerste, reinste Bewußtsein, das Klare Licht, ungeboren ist". Und in Frankreich sagten Sie im letzten Jahr, daß das Bewußtsein keinen Anfang hat. „Ein Bewußtseinsmoment kann nur aus einer ihm gleichbleibenden Ursache hervorgehen – also aus einem anderen Bewußtseinsmoment – und nicht aus etwas Unbelebtem, und deshalb sagen wir, daß es anfanglos ist." Ich möchte diese Aussagen miteinander in Verbindung bringen. Meine Frage lautet daher: Gibt es eine Verbindung zwischen dem Ungeborenen, Ungeschaffenen und dem Samen der Buddha-Natur? Wie kommt dieser Same zustande? Und wie kann der Same seine eigentliche Essenz vergessen?

SH: In bezug auf die Erklärung der Buddha-Natur müssen wir die Lehrmeinungen der vier buddhistischen philosophischen Schulen berücksichtigen: Wir haben die Aussagen der unteren Schulen auf der einen Seite – das sind die Vaibhashikas und Sautrantikas – und die der höheren Schulen auf der anderen Seite – das sind die Cittamatrin und die Madhyamikas. Bei den beiden höheren Schulen muß man wiederum unterschiedliche Aussagen berücksichtigen. Die unteren beiden Schulen gleichen sich, da sie sich im wesentlichen auf die Bedeutung einer guten ethischen Lebensführung konzentrieren. Für Ihre Frage sind daher die beiden höheren Schulen besonders relevant.

Nach Cittamatra-Auffassung besteht die Buddha-Natur in den Samen für einen unbefleckten Geist. Nach dieser Erklärung ist die Buddha-Natur Bewußtsein, also ein produkthaftes, unbeständiges Phänomen. Nach der Auffassung der Madhyamikas gilt die Buddha-Natur allgemein als die endgültige Realität jenes Geistes, der sich noch in einem verunreinigten Zustand befindet und die Befleckungen und Hindernisse noch nicht überwunden hat. Diese Auffassung entspricht besonders den Lehren der Sutras über die Vollkommenheit der Weisheit. Wenn die Verunreinigungen einmal beseitigt sind, ist die gleiche endgültige Realität des Geistes ein Bestandteil des „Wahrheitskörpers“ *(dharmakaya)* eines Buddha. Weil nach dieser Schule die Buddha-Natur als die endgültige Realität des Geistes betrachtet wird, ist sie ein ungeschaffenes, beständiges Phänomen.

Nach der Lehre von Maitreyas *Abhandlung des Großen Fahrzeugs über das Höchste Kontinuum,* die zur gleichen philosophischen Schule, dem Madhyamaka, gehört, ist die Buddha-Natur der bloße klare und erkennende Geist selbst.

Im tantrischen Kontext wird die Buddha-Natur nicht als der bloße Faktor von Klarheit und Erkenntnis des Geistes allgemein verstanden, sondern mit dem besonderen Geist des Klaren Lichts gleichgesetzt.

II.
Das Klare Licht des Geistes

PM: In Frankreich sagten Sie im letzten Jahr, daß das Klare Licht nicht mit einem Schöpfer oder einem Konzept wie Brahman verwechselt werden darf. „Die tantrische Tradition erklärt den Dharmakaya (die Existenzform in der höchsten Wirklickeit, P.M.) auf besondere Weise mit dem Begriff des Klaren Lichtes, der eigentlichen Natur des Geistes, was besagen soll, daß alle Phänomene, Samsara und Nirvana, sich aus dieser klaren und leuchtenden Quelle heraus manifestieren. Man kann deshalb sagen, daß diese höchste Quelle, das Klare Licht, der Vorstellung eines Schöpfers nahekommt. Aber Vorsicht: Wenn ich hier von Quelle spreche, darf dies nicht falsch verstanden werden! Ich will damit nicht sagen, daß irgendwo eine Art von gesammeltem Klaren Licht als Substrat existiert, ähnlich der nicht-buddhistischen Vorstellung von Brahma. Dieser leuchtende Raum darf nicht deifiziert werden!"

Wie ist dieses Klare Licht, das ja die Essenz des individuellen Lebewesens ist, mit der begrenzten Persönlichkeit eines Wesens verbunden?

DL: Wenn man nach dem Wesen der Buddha-Natur und damit nach dem Wesen des Geistes des Klaren Lichts sucht, so kann man dies ausschließlich im Bewußtseinskontinuum individueller Personen finden. Zum Beispiel sprechen wir vom

Menschen. Menschen machen individuelle Erfahrungen, sie werden als individuelle Wesen geboren. Sie sind also einzelne menschliche Wesen, und doch können wir von der Menschheit insgesamt und dem Menschen allgemein sprechen. Das gleiche gilt für das Bewußtsein: Was wir als Klares Licht bezeichnen, ist stets etwas Individuelles, nicht eine Art universeller Seele oder ein universelles Klares Licht. Doch weil gleichzeitig die Zukunft eines jeden Individuums auf diesem Geist des Klaren Lichts beruht, sagen wir von diesem Gesichtspunkt her, daß das Klare Licht beinahe wie ein Schöpfer ist. Das bedeutet nicht, daß es irgendwo ein eigenes, isoliertes, universelles Klares Licht gäbe.

PM: Hat man sich das Klare Licht irgendwie als etwas Aktives vorzustellen?

DL: Nein; was unseren gewöhnlichen Zustand angeht, kann man kaum sagen, daß das Klare Licht aktiv ist. Doch wenn wir durch Training in der Meditation willentlich das Klare Licht manifestieren und erfahren, dann kann das Klare Licht benutzt werden, um Objekte zu erkennen. Vielleicht kann man zu diesem Zeitpunkt davon sprechen, daß das Klare Licht aktiv ist.

PM: Kann ich sagen, daß das Klare Licht potentiell in jedem Wesen existiert?

DL: Nein, nicht potentiell, das Klare Licht existiert immer. Sie können das mit Wasser vergleichen: Selbst wenn das Wasser schmutzig und schlammig wird, besteht die Klarheit des Wassers noch immer; aber weil das Wasser mit den Verschmutzungen vermischt ist, können wir diese Reinheit nicht wahrnehmen. Das verschmutzte Wasser könnte gar nicht existieren, wenn das klare Wasser nicht existierte. Tatsächlich beweist die Existenz des verschmutzten Wassers selbst, daß dort klares Wasser als Basis existiert. Gegenwärtig ist unser Klares Licht inaktiv. Doch das Klare Licht existiert; denn aufgrund des Klaren Lichts können all die gröberen Bewußtseinszustände wie die vielfältigen Gedanken entstehen.

PM: Meine Hauptschwierigkeit mit dieser Philosophie ist: Wie kann es sein, daß das Klare Licht sich nicht seiner selbst bewußt ist? Wie kann ein Wesen seine eigene Buddha-Natur vergessen, wenn diese doch immerzu vorhanden ist?

DL: Unser gewöhnliches Bewußtsein existiert auf einer groben Ebene. Wenn wir denken „ich erkenne dieses, ich weiß jenes“, so handelt es sich um grobe Bewußtseinszustände. All diese Gedanken bestehen auf einer gröberen Ebene des Bewußtseins. Solange diese gegenwärtige grobe Ebene aktiv ist, ist das Klare Licht inaktiv; und wenn umgekehrt das Klare Licht aktiv wird, werden die gröberen Bewußtseinsebenen inaktiv. Aus diesem Grund wird uns nicht klar bewußt, was wir im Tiefschlaf ohne Traum erleben, obwohl auch dann Erleben stattfindet; nur wenn wir etwas träumen, können wir uns am nächsten Morgen erinnern, daß wir diesen oder jenen Traum hatten. Wenn wir im Schlaf keinen Traum hatten, scheint es uns so, als hätte der Schlaf nur ein paar Augenblicke gedauert. Wenn Sie tief geschlafen haben und nach ein paar Stunden aufwachen und auf die Uhr schauen, sehen Sie, daß schon drei, vier Stunden verstrichen sind; doch Sie haben das Gefühl, als seien es nur ein paar Momente gewesen. Aus solchen Beobachtungen wird deutlich, daß es verschiedene Ebenen des Bewußtseins gibt.

PM: Wie kann das Buddha-Bewußtsein, das von Anfang an existiert, in seine eigene Vergeßlichkeit verfallen? Zum Beispiel: Ein Buddha war nicht von Anfang an ein Buddha; er ist gewachsen und hat sich im Laufe der Zeit zu einem Buddha entwickelt. Am Anfang gab es also nur einen Samen. Trägt der Same als Same seinen eigenen evolutiven Impuls?

DL: Dieser Same existiert, seitdem es Bewußtsein gibt. Das Bewußtsein hat keinen Anfang, und das Leben hat keinen Anfang.

PM: Wie kann ein Wesen zu einem Buddha werden, wenn es keinen Anfang gibt? Müssen wir uns hier von unserem normalen Zeitverständnis lösen?

DL: Man wird ein Buddha durch die allmähliche Umwandlung des Geistes; doch der Geist des Klaren Lichts muß nicht umgewandelt werden. Er besteht immer.

PM: Kann man sagen, daß der „unklare Geist" in den Klaren-Licht-Geist umgewandelt werden muß? Sie haben gesagt, die Verschmutzung des Wassers muß entfernt werden, damit das reine Wasser zum Vorschein kommt. Wie kann das geschehen?

DL: Durch Reinigung des Geistes. Man muß die Unwissenheit beseitigen.

PM: Das leuchtet ein. Doch wie wird das Wasser zuerst unrein?

DL: Es wird erklärt, daß auch die Verunreinigungen, die den Geist des Klaren Lichts beeinträchtigen, seit anfangsloser Zeit bestehen. Es gibt Formen der Unwissenheit, die angeboren sind. Die Anfangslosigkeit des Geistes und damit der Lebewesen kann nicht direkt positiv nachgewiesen werden; man fragt sich, welche Konsequenzen sich ergeben würden, wenn man einen Anfang des Lebens annimmt. Denn dies zieht gleich die Frage nach sich: Wie hat es angefangen? Was waren die Ursachen? Aus dieser Annahme ergibt sich eine Reihe von Widersprüchen.

PM: Bezieht sich das eingangs erwähnte Zitat aus dem Pali-Kanon, daß es etwas „Ungeborenes, Ungewordenes, Nichtgemachtes" gibt, auf den Geist des Klaren Lichts?

DL: Nein; das ist etwas anderes. In dem von Ihnen erwähnten Zitat lehrt der Buddha das Nicht-Selbst (*Anatman*) der Person. Dabei müssen Sie wissen, daß Nicht-Selbst hier die Selbst-Losigkeit der Person bedeutet, das heißt die Nichtexistenz eines absoluten, unabhängigen Selbst *(Atman);* Selbst bedeutet nicht Selbstlosigkeit im üblichen Sinne von Uneigennützigkeit. Die Pali-Sutras des Theravada und die Sanskrit-Sutras des Mahayana erklären wiederholt die Leere, das Ungeborensein, Nichtbestehen, Nichtvergehen; sie beziehen sich dabei auf dieses Nicht-Selbst. Im tantrischen

Zusammenhang wird allerdings auch der subtile Geist des Klaren Lichts als ungeboren, ungeschaffen bezeichnet. Das geschieht deshalb, weil er ohne Anfang ist; es gibt also einen Grund, ihn auch auf der konventionellen Ebene „ungeboren" zu nennen. Doch dies ist eine Ausnahme. Allgemein gesprochen gilt: Wenn von einem Phänomen, das entsteht und vergeht, gesagt wird, daß es frei von Entstehen und Vergehen ist, so kann sich das nur auf seine letztgültige Bestehensweise, das Nicht-Selbst, beziehen, man kann nichts anderes darunter verstehen.

III.
Selbst und Nicht-Selbst

PM: Das bringt mich zur dritten Frage: In Frankreich haben Sie 1993 über die Nicht-Selbst- und Selbst-Theorien gesprochen. Sie sagten: „Die Existenz eines ewig bestehenden, einzelnen und unabhängigen Selbst wird (von den Buddhisten) verneint, das Vorhandensein eines Selbst als Agens, als handelnde Kraft jedoch nicht." Und sie sagten auch, das ist sehr interessant: „Wenn die Buddhaschaft erlangt ist, besteht das individuelle geistige Kontinuum weiter, weshalb wir von der individuellen Identität eines Buddha sprechen können." Meine Frage ist nun: Wie steht die individuelle Identität eines Buddha mit der Theorie eines Atman in Verbindung? Gibt es hier nicht eine Parallele?

DL: Nein. Der Begriff des Atman hat eine ganz bestimmte Bedeutung: Er bezieht sich auf ein Selbst, das völlig isoliert und unabhängig von den körperlichen und geistigen Aggregaten der Person besteht. Atman bedeutet ein Selbst, das getrennt von Körper und Geist bestimmt werden kann. Ein solches Selbst wird im Buddhismus verneint.

Das Klare Licht ist nicht das Lebewesen, nicht die Person, sondern die Grundlage des Lebewesens. Das Klare Licht ist ein Teil des Bewußtseins; er gehört zur Benennungsgrundlage des Lebewesens, also des Selbst; das Klare Licht ist nicht das

Selbst. Im Zustande der Buddhaschaft bestehen keine gröberen Ebenen des Denkens mehr, sie alle haben aufgehört. Was bleibt, ist ausschließlich das Klare Licht. Auch in dem Zustand wird die Buddha-Identität, das Wesen Buddha, die Kombination von subtilem Geist und subtiler Energie, begrifflich beigelegt. Es gibt keine separate Buddha-Identität neben diesen sehr subtilen fünf körperlichen und geistigen Aggregaten. Die Nicht-Selbst-Theorie ist gültig von der Ebene einer gewöhnlichen Person, wie wir es sind, bis hin zur Ebene eines Buddha.

PM: Nicht-Selbst heißt dann nicht, daß es keine Individualität gibt? Wie Sie die Selbst-Theorie interpretieren, geht es da um etwas sehr Statisches, wie im Falle des Advaita-Vedanta: Man verschmilzt mit dem Brahman, so daß der Atman Brahman wird und es nur noch Brahman gibt. Sie verneinen dies, nicht wahr?

DL: Wenn wir mit der Theorie des Nicht-Selbst den Atman, das „Selbst", verneinen, so verneinen wir damit ein Selbst mit einer eigenständigen substantiellen Existenz. Es gibt kein unabhängiges, aus sich bestehendes Selbst. Das Selbst, die Person, existiert nur in Abhängigkeit von den körperlichen und geistigen Aggregaten. Dies gilt für alle

Lebewesen bis hin zum Buddha. Dieses Selbst, das in Abhängigkeit von den körperlichen und geistigen Aggregaten besteht, ist natürlich immer individuell, denn es besteht ausschließlich in Verbindung mit individuellen körperlichen und geistigen Aggregaten, es gibt keine universelle Person. Ebenso ist Anatman, Nicht-Selbst, ein Aspekt der Bestehensweise individueller Personen. Es gibt kein von den einzelnen Personen losgelöstes, universelles Nicht-Selbst. Anatman ist die bloße Negation eines von den körperlichen und geistigen Aggregaten unabhängigen, eigenständig existierenden Selbst.

PM: Löst sich das unabhängige Selbst auf? Im Advaita-Vedanta existiert das Selbst am Ende nicht mehr. Der Atman wird zu Brahman, und am Ende gibt es nur noch Brahman.

DL: Nein, so ist das nicht zu verstehen. Wir reden nicht über einen Prozeß, in dem sich das Selbst allmählich auflösen würde. Nicht-Selbst ist einfach ein natürlicher Aspekt der Existenzweise jeder Person.

IV.
Buddhaschaft

PM: Vielleicht wird dieser Problempunkt deutlicher anhand einer Aussage, die Sie in Bodhgaya machten. Sie sagten: „Das grundlegende, endgültige, subtilste innerste Bewußtsein besteht ohne Ende weiter. Es hatte keinen Anfang, und es wird kein Ende haben. Dieses Bewußtsein wird weiterbestehen. Wenn wir die Buddhaschaft erreichen, wird dieses Bewußtsein erleuchtet, allwissend. Doch das Bewußtsein wird ein individuelles bleiben. Das Bewußtsein von Buddha Shakyamuni und das Bewußtsein von Buddha Kashyapa zum Beispiel sind zwei verschiedene, individuelle Dinge. Die Individualität des Bewußtseins geht mit dem Erreichen der Buddhaschaft nicht verloren." Bedeutet das, daß die Evolution des Bewußtseins niemals zu Ende geht? Gibt es einen kosmischen Buddha?

DL: Es gibt kein solches kosmisches Bewußtsein, in das man sich auflöst.

PM: Ich meinte das nur als Analogie für eine endlose spirituelle Fortentwicklung. Ich möchte Sie mit einem kurzen Zitat von Krishnamurti konfrontieren. Er sagte über Erleuchtung: „Glauben Sie mir, ich sehe nur einen Bruchteil des Unendlichen. (...) Es ist unmöglich, eins damit zu sein; es ist unmöglich, eins mit einem schnell fließenden

Fluß zu sein. Man kann niemals eins sein mit dem, was keine Form, kein Maß, keine Eigenschaft hat. Es ist; das ist alles.“ Könnten Sie in ähnlicher Weise sprechen, oder würden Sie dem widersprechen?

DL: Wenn Sie diese Aussage auf den Zustand eines nicht-erleuchteten, begrenzten Wesens beziehen, kann man dies wahrscheinlich so sagen. Wenn Sie diese Aussage aber auf die Buddhaschaft beziehen, so kann dies verschiedene Bedeutungen haben. Selbst auf der Ebene der Buddhaschaft ist der Geist des Buddha, also in diesem Fall der Geist des Klaren Lichts, ein geschaffenes, produkthaftes Phänomen. Das heißt, er ändert sich von Moment zu Moment. Die Objekte, die der Geist des Buddha erkennt, verändern sich. Tage, Wochen, Monate usw. existieren und vergehen. Mit den Objekten verändert sich auch der Geist des Buddha. Da sich die Objekte endlos verändern, verändert sich auch der Geist des Buddha endlos.

PM: Der Geist entwickelt sich ständig weiter?

DL: Buddhas Geist erkennt stets alle verschiedenen Ebenen von Phänomenen. Da sich all die unbeständigen Phänomene ständig verändern, verändert sich natürlich auch der Geist des Buddha, der all diese Veränderungen wahrnimmt. Alle geschaffenen Phänomene sind in einem Prozeß ewigen Wandels; so befindet sich auch der Geist des Buddha in einem Prozeß ständigen Wandels. Dieser Prozeß ist aber keine Umwandlung im Sinne einer Weiterentwicklung; es finden einfach Veränderungen statt. Anders ist es mit unserem Geist: Er wandelt sich nicht nur in dem Sinne, daß er ständig wechselnde Situationen erfaßt, sondern darüber hinaus im Sinne eines geistigen Fortschritts, wenn wir die entsprechenden Mittel dazu anwenden. In diesem Fall vollziehen wir mit dem Fortgang der Zeit auch eine geistige Umwandlung. Dieser Entwicklungsprozeß findet ein Ende mit dem Erreichen der Buddhaschaft. Wenn Sie die Buddhaschaft erreichen, haben Sie sich damit alle positiven Eigenschaften vollkommen angeeignet, und Sie haben alle negativen Eigenschaften vollständig überwunden. Es gibt nichts Höheres zu erreichen, es ist der Endpunkt der spirituellen Entwicklung. Aber der Prozeß der Veränderung aufgrund sich wandelnder Objekte des Bewußtseins geht immer weiter – auch auf der Ebene der Buddhaschaft. Das Bewußtsein ist in seiner Natur ein unbeständiges, sich von Moment zu Moment wandelndes Phänomen.

PM: Das war mein Gedanke, als ich fragte, ob es einen kosmischen Buddha gibt. Im Christentum haben wir die Theorie, daß es einen Christus gibt, der sich zu einer bestimmten Zeit in der Weltgeschichte inkarnierte, sich aber auch in universellen Bereichen weiterentwickeln kann. So gibt es eine endlose Kette von Bewußtsein und von Wesen.

DL: Was die verschiedenen Aspekte eines Buddhas angeht, wird von verschiedenen „Körpern" *(kayas)* eines Buddha gesprochen. In dem Zusammenhang werden der Körper des Vollkommenen Erfreuens *(sambhogakaya)* und der Wahrheitskörper *(dharmakaya)* erklärt. Von dem Gesichtspunkt her, daß der Körper des Vollkommenen Erfreuens viele Ausstrahlungskörper *(nirmanakaya)* manifestiert, könnte man ihn vielleicht als eine Art „kosmischen" Buddha-Körper ansehen. Dabei dürfen wir aber nicht aus den Augen verlieren, daß auch der Körper des Vollkommenen Erfreuens ein Individuum ist.

PM: Stimmt es, daß dieser nicht unbedingt eine Inkarnation auf der Erde sein muß?

DL: Nur der Ausstrahlungskörper inkarniert sich auf der Erde. Die Entwicklung des Bewußtseins findet nicht unbedingt nur hier auf der Erde statt, aber natürlich nur unter den Lebewesen. Da gibt es Wesen in den verschiedenen Bereichen, zum Beispiel in den Himmelswelten. Nach buddhistischer Vorstellung gibt es verschiedene Himmelswelten. Einige gehören zum Daseinskreislauf *(samsara)*, andere nicht.

Eine alte Tibeterin

Die feierliche Eröffnung des Norbulingka-Tempels

Das Norbulingka-Institut

Die Buddha-Statue im Haupttempel des Norbulingka-Instituts

S.H. der XIV. Dalai Lama

S.H. der XIV. Dalai Lama

Im Dialog mit dem Dalai Lama

Im Gespräch

V.
Individualität und Universalität

PM: Ich glaube, hinsichtlich Individualität und Universalität sind die Ansichten des Buddhismus und die Philosophie Sri Aurobindos sehr ähnlich. Sein Konzept lautet ungefähr so: Das Universelle und das Individuelle bilden zwei zusammenhängende Kräfte, die jeweiligen Pole ihrer Manifestation, unbegrenzte Peripherie und mannigfaltiges Zentrum der tätigen Wirklichkeiten ihres Seins.

DL: Nach buddhistischer Auffassung gibt es keine Form von universellem Bewußtsein. Bewußtsein ist immer individuell. Der Buddhismus akzeptiert kein Konzept, wonach es ein allumfassendes Bewußtsein gibt, von dem unser persönliches Bewußtsein ein Teil wäre. Es ist sehr wichtig zu wissen, daß die Individualität auf jeder Ebene gilt, wie ich bereits erklärt habe. Es gibt nichts Kosmisches, Universelles, das über dieses individuelle Bewußtsein hinausginge.

PM: Was ich meinte, ist, daß diesem Individuellen eine Expansion in das Universelle möglich ist. Dies ist im Individuellen angelegt. Lama Anagarika Govinda drückte dies folgendermaßen aus: „Individualität und Universalität sind nicht zwei sich gegenseitig ausschließende Werte, sondern zwei Seiten derselben Wirklichkeit, die sich gegenseitig ergänzen und vervollständigen und eins werden im Erlebnis der Erleuchtung. Dieses Erlebnis löst den Geist aber nicht in einem amorphen All auf, sondern bringt uns vielmehr zum Bewußtsein, daß das Individuum selbst die Ganzheit in seinem Kern in einem Punkt, wie in einem Brennpunkt, enthält. So wird die Welt, die bisher als eine äußere Wirklichkeit aufgefaßt wurde, verschmolzen oder integriert im erleuchteten Geist in jenem Augenblick, in dem die Universalität des Bewußtseins realisiert wird. Dies ist der höchste Augenblick der Befreiung von den Hindernissen und Fesseln der Unwissenheit und Illusion."

DL: Hier müssen Sie zwei Dinge unterscheiden. Es ist nicht der Fall, daß man durch einen individuellen Entwicklungsprozeß, indem man das Potential seines individuellen Bewußtseins immer mehr verfeinert und stärkt, schließlich eine universelle Beherrschung allen Bewußtseins aller Wesen erlangt. Das ist nicht möglich. Was Sie aber erreichen, ist eine voll entwickelte Erkenntnisfähigkeit, die Allwissenheit. Dieser Zustand wird in den buddhistischen Texten oft so beschrieben, daß der Geist „alle Phänomene durchdringt". Das bedeutet aber nicht, daß der vollendet entwickelte individuelle Geist alle Phänomene beherrschen würde. Es bedeutet auch nicht, daß jedes individuelle Bewußtsein aus diesem Geist entstanden wäre. Es bedeutet vielmehr, daß der Geist eines Individuums nun vollkommen erleuchtet und damit allwissend ist. Sie erkennen alles; es gibt nichts mehr, was Ihr Geist nicht erkennen würde. Alles durchdringen heißt hier alles erkennen.

VI.
Geist und Körper

PM: Als Sie mit Herrn Troemel, dem Leiter des Adyar-Verlages, hier in Dharamsala über die Frage der Buddhaschaft sprachen, sagten Sie: „Wir Buddhisten glauben, daß ein Selbst existiert, das sich von diesem Leben zum nächsten, aber auch vom ‚normalen' Zustand zum Ziel der Buddhaschaft fortbewegt. Dieses Selbst bleibt also erhalten, sogar ein Buddha behält sein Selbst. Buddha Shakyamuni hatte seine individuelle Identität. Dieses Selbst ist vorhanden – ohne Anfang, ohne Ende. Im Unterschied zu den Darstellungen in der Philosophie der Hindu-Tradition, die Brahman, die Universalseele, postuliert, mit der sich im Moksha (der Befreiung, P.M.) die Individualseele vereint, wodurch letztere ihre eigene Identität verliert, glauben wir, daß die individuelle Identität, selbst die eines Buddha, erhalten bleibt."

Können Sie sagen, wie Sie das Selbst in diesem Zusammenhang verstehen?

DL: Hier bezieht sich Selbst auf das fühlende Wesen, das heißt die Person, die als Benennung auf der Grundlage der fünf körperlichen und geistigen Aggregate existiert, (und nicht auf das von den Buddhisten verneinte unabhängige oder absolute Selbst im Sinne des Atman).

Um ein Beispiel zu geben: Es kann keine Meinungsverschiedenheit darüber geben, ob sich in diesem Raum Menschen aufhalten oder nicht. Es ist ein Faktum, daß wir sechs Menschen in diesem Raum sind. Das ist Realität, keine Illusion. Auf dieser Basis können wir Liebe und Mitgefühl untereinander entwickeln; genauso können wir gegenseitig auch negative Gefühle hegen. Wenn solche positiven oder negativen Gefühle aufkommen, sind diese hauptsächlich auf die andere Person gerichtet, nicht auf ihren Körper, nicht auf ihren Geist. Worauf beziehen wir uns zum Beispiel, wenn wir von der Handlung des Tötens eines Menschen reden? Wir verurteilen diesen Akt, einem anderen Menschen das Leben zu nehmen. Obwohl der „Mensch", auf den wir uns dabei beziehen, nichts ist, auf das wir konkret zeigen könnten, ist der Mensch als Konvention ein allseits bekanntes Phänomen, und auf der Grundlage dieser als Konvention bekannten Existenz treffen wir die Aussage, daß es verwerflich ist, einen Menschen zu töten.

Untersuchen wir einmal in diesem Zusammenhang: Was ist das eigentliche Objekt, auf das wir uns beziehen, wenn wir von Menschen reden? Ist dieser Körper der Mensch? Die Antwort ist: Nein. Um das Leben eines Menschen aufrechtzuerhalten, mag es sogar notwendig sein, Teile des Körpers zu entfernen. Vielleicht muß ein Arm oder ein Bein amputiert werden, um das Leben zu retten. Beim Kopf ist es allerdings etwas anderes, den zu entfernen, wäre gewiß das endgültige Ende! Aber andere Körperteile können entfernt werden, als Mittel, um das Leben des Menschen zu retten. Und was den Geist angeht: Manchmal ist das Denken eines Menschen so rege und hochentwickelt, daß er durch sein Denken unglücklich wird. Deshalb kann es in manchen Fällen ratsam sein, mit entsprechenden Medikamenten die Wachheit und Aufgewecktheit des Geistes zu dämpfen, um das Wohlergehen des Menschen zu gewährleisten. Das ist ein Zeichen dafür, daß wir den Menschen auch nicht mit seinem Geist gleichsetzen können. Der Geist ist der Geist eines Menschen, aber nicht der Mensch selbst. Ebenso ist der Körper der Körper eines Menschen und nicht der Mensch selbst. Geist und Körper sind die Grundlage des Menschen, nicht der Mensch selbst. Wir können also den Menschen bei der Analyse nicht finden, mit nichts Konkretem gleichsetzen.

Auch einige zeitgenössische Physiker sagen, daß es vom Standpunkt der Quantenphysik keine Wirklichkeit gibt. Wenn wir sehr genau und tief nach dem jeweiligen Phänomen suchen, ist es nicht auffindbar. Diese Physiker kommen zumindest für die materielle Welt zu dieser Auffassung, sie beziehen sich dabei nicht auf die Bewußtseinswelt, die nicht Gegenstand ihrer Analyse ist.

PM: David Bohm sagt, daß selbst die Elementarteilchen Bewußtsein besitzen.

DL: Das ist kaum aufrechtzuerhalten. Aber wir müssen zuerst wissen, was die Bedeutung des Wortes „Bewußtsein“ ist. Das ist ein schwieriges Thema. Es kann meiner Meinung nach Formen von subtiler Energie geben, die wir aber nicht unbedingt Bewußtsein nennen können. Es gibt subtile Energie, die mit Bewußtsein verbunden ist. Ebenso gibt es aber auch subtile Energie, die ohne Bewußtsein ist.

Was ich sagen will, ist: Wir können kein Selbst, keinen Menschen zusätzlich zu Körper und Geist bestimmen. Gleichzeitig ist es eindeutig, daß der Mensch existiert. Wenn wir analysieren und suchen, was wir letztlich als Mensch bezeichen, können wir ihn nicht auffinden. Wenn wir diese Analyse nicht durchführen, ist der Mensch ganz offensichtlich existent. Daraus folgt: Der Mensch, mit anderen Worten das menschliche Selbst, existiert in Form einer begrifflichen Beifügung, die mit den fünf körperlichen und geistigen Aggregaten verbunden wird. Es ist dieses als Konvention existierende Selbst, das seit anfangsloser Zeit von Leben zu Leben geht.

VII.
Buddhistische Meditation

PM: Meine letzte Frage ist eine sehr praxisbezogene. Im *Gesang der inneren Erfahrung* und auch in einem Ihrer Gespräche mit Carl-Friedrich von Weizsäcker betonen Sie ausdrücklich die esoterischen Lehren. Sie erwähnen zum Beispiel, daß Milarepa die Fähigkeit hatte zu fliegen, und fügen hinzu: „Und das sind keine Märchen.“ Mir scheint, daß es ein tiefes esoterisches Wissen im Buddhismus gibt, das wir im Westen nicht kennen, aber für unsere eigene Transformation nutzen könnten. Was könnten Sie oder die Buddhisten allgemein tun, um dieses Wissen der westlichen Welt zugänglich zu machen?

DL: Das ist kein leichtes Unterfangen; denn es bedarf einer Vielzahl von Übungen auf verschiedenen Ebenen. Wenn wir zum Beispiel von subtileren körperlichen und geistigen Ebenen sprechen, so sind diese nicht durch eine Meditation allein zu erreichen. Ich glaube aber, daß bestimmte Vorstufen auch von gewöhnlichen Menschen angewendet oder auch zu Versuchszwecken durchgeführt werden können; ähnlich werden ja auch Yoga-Übungen zum körperlichen Nutzen praktiziert. Doch Sie müssen berücksichtigen, daß die Übungen Teil der buddhistischen Praxis insgesamt sind. Deshalb können die tiefergehenden Erfahrungen nicht erreicht werden, wenn nicht auch die übrigen Aspekte der buddhistischen Geistesschulung mit einbezogen werden. Dazu gehören zum Beispiel die Erkenntnis der Shunyata, der Leerheit, und die Schulung von Altruismus, des Bodhicitta. Ohne diese Aspekte ist es sehr fraglich, ob wirksame Resultate erreichbar sind.

PM: Das heißt, die esoterischen Übungen sind für den Rest der Welt nicht anwendbar?

DL: Das hat nichts mit Westen oder Osten zu tun. Der Punkt ist, daß man eine systematische, vollständige Übung benötigt, um die Resultate zu erreichen.

PM: Es gibt also keine Möglichkeit, im gewöhnlichen weltlichen Leben als (esoterischer) Buddhist zu leben? Müssen wir alle hierher kommen, um den Buddhismus ernsthaft unter lebenslanger Führung eines buddhistischen Meisters zu studieren?

DL: Das kann ich nicht sagen. Wie ich schon erwähnt habe, ist es gewiß möglich, anfängliche und vorbereitende Übungen anzuwenden. Wie weit es dann weitergehen kann, vermag ich nicht zu sagen. Das muß man ausprobieren. Ich glaube, daß man vielleicht auch ohne tiefgreifende Geistesschulung, also auch wenn man kein Buddhist ist, gewisse Resultate wie die Trennung von gröberen und feineren körperlichen Ebenen oder vielleicht auch die Kontrolle des Atems für ein paar Stunden erreichen kann.

Gespräch vom 27. Juli 1992

PM: „Ich möchte gern mit einer persönlichen Frage beginnen. Wenn Sie Ihr Leben in dieser sehr außergewöhnlichen Inkarnation Revue passieren lassen: Was war Ihrer Meinung nach die tiefste Erfahrung von Liebe in Ihrem Leben? Welches Ereignis hat Sie am stärksten bewegt?"

DL: „Ich kann mich nicht an ein einzelnes Ereignis erinnern. Es sind hauptsächlich zwei Arten von tief bewegenden Erfahrungen, die häufiger auftreten. Zum einen bin ich sehr betroffen, wenn ich bedürftige, notleidende Menschen sehe oder auch arme, leidende Tiere, wie kleine Insekten und dergleichen. Dann entsteht ein tiefes Gefühl der Sorge und des Mitgefühls. Zum anderen kommt es häufiger vor, daß ich gefühlsmäßig sehr bewegt bin, wenn ich meditiere, und zwar hauptsächlich während analytischer Meditationen über Mitleid und dergleichen, oder auch, wenn ich buddhistische Unterweisungen gebe, in denen ich über den Wert und die Notwendigkeit von Mitleid und ähnlichen Eigenschaften spreche. Schon oft habe ich während öffentlicher Unterweisungen geweint."

PM: „Geschieht dies im Zusammenhang mit Menschen, die zu Ihnen kommen und Sie um Rat und Führung für ihr Leben bitten und Sie das Gefühl haben, daß Sie ihnen auf ihrem Weg weiterhelfen können? Sind es solche Situationen, die diese Ergriffenheiten hervorrufen?“

DL: „Solche starken Gemütsbewegungen entstehen ganz einfach dann, wenn ich Leid sehe oder über den Wert des Mitleids nachdenke. Dazu gehören auch die Situationen, in denen ich mit Tibetern zusammentreffe, die aus Tibet geflüchtet sind und ihre persönlichen Leidenserfahrungen mitbringen. Sie setzen oft übergroßes Vertrauen in mich und erwarten von mir mehr Hilfe, als ich ihnen geben kann. Dann geht mit dem Mitgefühl ein Gefühl der Hilflosigkeit und Verzweiflung einher. Es wird mir deutlich bewußt, daß ich nicht viel helfen kann. Wenn Menschen ein starkes Vertrauen in mich setzen und mir mit großen Erwartungen begegnen, so wächst dadurch einerseits das Gefühl der Verantwortung, und andererseits werden mir die Grenzen deutlich. Dann verbindet sich in mir ein tief empfundenes Mitleid mit einem Gefühl der Hilflosigkeit. Oft empfinde ich Traurigkeit.“

PM: „Wenn Sie von Traurigkeit sprechen, so führt mich dies zu einer anderen Frage. Ein Satz von Ihnen, der mir sehr gefällt, lautet: „Wenn man traurig und verzweifelt ist, kann man die Wirklichkeit nicht verändern.“ Sie haben das einmal gesagt.“

DL: „Das ist richtig. Es hilft nicht bei der Lösung des Problems selbst. Was ich gewöhnlich zum Ausdruck bringe, ist: Wenn Sie mit einem sogenannten Feind konfrontiert sind – ich sage »sogenannt«, weil ich glaube, daß in einem tieferen Sinn alle Menschen Brüder und Schwestern sind; den Feind gibt es nur auf einer relativen Ebene –, nützen Ihnen die Gefühle von Haß und Übelwollen gar nichts. Mit dem Haß fügen Sie dem Feind keinen Schaden zu; Sie schaden nur ihrem eigenen Geistesfrieden und schließlich Ihrer eigenen Gesundheit. Ebenso helfen übergroße Beunruhigung, Angst und Verzweiflung nicht, um ein Problem zu beseitigen. Solche aufgewühlten oder depressiven Geisteszustände zerstören nur Ihre innere Ausgeglichenheit. Was noch schlimmer ist: Sie zerstören den besten Teil Ihres Verstandes, der die Situation ruhig und klar zu beurteilen vermag. So wird es noch schwieriger, das Problem zu überwinden."

PM: „Was wäre Ihr geistiger Rat für die vielen Menschen, besonders im Westen, die an Depressionen leiden? Wir sehen, daß Therapeuten große Schwierigkeiten haben, diesen Menschen zu helfen. Es sieht nicht so aus, als hätten sie eine Art praktisch anwendbarer Therapie für die Zukunft."

DL: „Vom Standpunkt eines einfachen menschlichen Wesens, nicht als Buddhist, nicht als Gläubiger einer Religion, sage ich den Menschen immer wieder: Ich bin überzeugt, daß die menschliche Natur an sich positiv ist, daß sie grundlegend etwas Reines ist. Schon von Geburt an besitzen wir das Potential für alle guten Eigenschaften. Dieses Potential zu erkennen, ist die Grundlage für Selbstvertrauen. Menschen, die sich in einer schwierigen psychischen Lage befinden, neigen gewöhnlich dazu, nur die negative Seite der Situation zu sehen. Zudem betrachten sie ihre Situation nicht aus einer größeren Perspektive. Hier gilt es, zwei Dinge zu bedenken: Ein Ereignis mag noch so tragisch sein, es gibt immer auch einige positive Aspekte. Die Dinge sind relativ. Deshalb sollte man versuchen, die Situation auch aus einem anderen Blickwinkel zu betrachten. Eine andere Möglichkeit, den Blick auf die Situation zu erweitern, entsteht aus dem Verständnis, daß sich nicht nur dieser eine Mensch Problemen gegenübersieht, sondern weitaus mehr Menschen das gleiche oder noch schwierigere Probleme erleben. Der persönliche Fall ist nicht einzigartig. Ich glaube, depressive Menschen haben das Gefühl, als seien sie die einzigen unglücklichen Menschen auf der Welt und als sei ihr Fall im Vergleich zur Situation der anderen hoffnungslos. Doch tatsächlich gibt es viele andere Menschen, die mit noch mehr Schwierigkeiten, Problemen und Leiden konfrontiert sind. Diese Überlegungen tragen dazu bei, den depressiven Zustand zu lindern."

PM: „Eine andere Frage. Sie hängt mit Informationen zusammen, auf die ich gestoßen bin, als ich eine Biographie Krishnamurtis geschrieben habe. Sie haben ihn 1985 getroffen, ..."

DL: „Ja, ich habe ihn einige Male getroffen."

PM: „ ... aber unglücklicherweise war dies gerade die Zeit, als Indira Gandhi ermordet wurde. Ich las in den Unterlagen Krishnamurtis, daß er mit Ihnen an jenem Abend über das Thema religiöser Traditionen und besonders religiöser Rituale diskutieren wollte. Er stand dem sehr kritisch gegenüber. Was ist Ihre Meinung über Krishnamurtis Kritik an jeder Art von religiöser Tradition?"

DL (lacht): „Ich weiß nicht! Ich glaube, manchmal ist seine Vorgehensweise zu sehr auf die Seite der Negation konzentriert. Mit der Frau des Wissenschaftlers David Bohm, die mit Krishnamurti eng befreundet war, führte ich einmal ein Gespräch über die buddhistische Erklärung der endgültigen Realität – die Leerheit oder *shunyata*.

Insbesondere nach der Darstellung Nagarjunas ist die Leerheit eine bloße Negation. Doch diese Leerheit ist die bloße Negation von unabhängiger Existenz; und das bedeutet auch, daß die Dinge eine relative Natur besitzen und auf abhängige Weise existieren. Weil ihre Natur eine abhängige ist, ist ihre Natur frei oder leer von unabhängiger Existenz. Leerheit bedeutet also nicht einfach Nichts. Nagarjuna weist nachdrücklich auf beide Seiten hin: die abhängige Existenz, die ein positives Phänomen ist, und die Leerheit, welche ein negatives Phänomen ist. Als wir darüber sprachen, sagte mir Frau Bohm, nach Krishnamurtis Erklärung schien es ihr, als gäbe es nur Leere, Leere, Leere und nichts positiv Vorhandenes. Doch nach der Darstellung des Dalai Lama gebe es nicht einfach ein Nichts, sondern etwas Positives. Ich spreche jetzt nicht speziell über Krishnamurtis Philosophie; es scheint mir, daß über die Jahrhunderte einige Teile der Philosophie nichts anderes ausdrückten als Kritik und Negation. Ich glaube, auch das beschreibt eine Form des Nichts; und wenn der Geist ausschließlich auf die Negation gerichtet bleibt, mag dies zu einer Art Hoffnungslosigkeit führen. Dies hilft nicht viel weiter. Die andere Kategorie der Philosophie erklärt die endgültige Wirklichkeit nicht nur als eine bloße Leere, sondern betont, daß auf der relativen, konventionellen Ebene der gesamte Bereich der Existenz möglich ist und alle nützlichen und schädlichen Phänomene und Vorgänge Gültigkeit besitzen. Diese Philosophie ist ausgewogener; diese Vorgehensweise erscheint mir vollständiger."

PM: „Ich denke, Krishnamurti würden mit Ihnen in Ihrer Definition der *shunyata*, der Leerheit, und in anderen Dingen übereinstimmen. Seine Kritik war, daß die Bindung an eine traditionelle Religion nur zu einer falschen Vorstellung dessen führte, was er die Wahrheit nannte. In meiner Biographie kritisiere ich ihn, weil er meines Erachtens zuviel aufgegeben hat. Er sprach von einer Ebene hoher Erkenntnis, und die normalen Menschen leben *hier*; und er hatte keine Mittel, um diese beiden Ebenen zu verbinden."

DL: „Wie dem auch sei, ich bin ein Buddhist. Bitte verzeihen Sie, daß ich das sage, aber ich verlasse mich sehr stark auf die Lehre des Buddha. Natürlich habe ich gleichzeitig die Freiheit, zu untersuchen und zu prüfen, auch wenn es sich um die Worte des Buddha handelt. Denn die grundlegende buddhistische Einstellung, besonders im Mahayana-Buddhismus, ist die, daß man sich vorrangig auf Untersuchung und Experiment verlassen sollte anstatt auf Worte; das gilt auch für das

Wort des Buddha. Wenn sich herausstellt, daß die Worte im Widerspruch zum Existierenden oder zur Erfahrung stehen, so haben wir die Freiheit – selbst im Falle der Worte des Buddha –, diese Worte nicht anzunehmen; denn die Wirklichkeit ist wichtiger. Unbeschadet dieser Freiheit bevorzuge ich die Vorgehensweise Nagarjunas. Ich glaube, um die tiefere Natur der Wirklichkeit zu erkennen, ist die Methode der Untersuchung und der Argumentation äußerst nützlich, die er und seine Nachfolger, wie Candrakirti, anwenden. Deshalb mache ich mir diese Methoden zu eigen. Wollte ich diese Methoden zurückweisen und sagen, die Erfahrungen aller dieser großen Lehrer und Meister seien irgendwie falsch, dann brächte ich damit zum Ausdruck, daß ich noch klüger und fortgeschrittener wäre als sie. Das ist schwer zu behaupten. Außerdem bin ich überzeugt, daß diese großen vergangenen Meister auch einen außerordentlich scharfen Verstand besaßen."

PM: „In einem Dialog, den sie mit Professor Renée Weber von der Princeton University in Amerika führten und der in dem Buch *Wissenschaftler und Weise* veröffentlicht wurde, sprachen Sie einen interessanten Satz über das Selbst. Sie sagten: „Es gibt ein bloßes Ich, ein bloßes Selbst, in bezug zu dem man die Begriffe ‚mein vorheriges Leben‘ und ‚mein zukünftiges Leben‘ gebrauchen kann. Das bloße Ich existierte im vorherigen Leben, es existiert in diesem Leben, und es wird im nächsten Leben existieren. Das Ich von gestern, das Ich von heute und das Ich von morgen sind in gewisser Hinsicht dasselbe Ich; anders betrachtet aber existiert das Ich von gestern nicht mehr, es ist tatsächlich vergangen; und das Ich von morgen muß erst noch entstehen. Doch im Ganzen gesehen existiert das Kontinuum des Ich von Moment zu Moment während dieses gesamten Prozesses.“ Meine Frage ist nun: Nach dem, was ich von Ihnen gehört habe, unterscheidet sich Ihre Herangehensweise an das Selbst etwas von dem, was ich vom Buddhismus verstanden habe. Wenn der tiefste Sinn des Lebens der ist, Glück zu erlangen, dann muß es doch jemanden geben, der dieses Glück erlebt.“

DL: „Ja genau, das ist das Ich!“

PM: „Aber wie kann dies mit der Philosophie des Nicht-Selbst, des Nicht-*Atman* vereinbar sein?“

DL: „Da gibt es keine Schwierigkeit. Die Philosophie des Nicht-Selbst verneint keinesfalls in irgendeiner Weise die Existenz des Ich. Sie ist hauptsächlich eine Antwort auf nicht-buddhistische Philosophen, die die Ansicht vertreten, man könne außerhalb von Körper und Geist eine Art Besitzer dieses Körpers und Geistes bestimmen. Ein solches Selbst wird als *atman* bezeichnet. Sie sagen, der *atman* sei etwas Beständiges, Unwandelbares; und wenn man nicht annähme, daß ein *atman* getrennt von Körper und Geist existierte, so gäbe es keine Möglichkeit, die Lehre von der Wiedergeburt zu akzeptieren. Das ist ihr philosophisches Konzept. Die Schwierigkeiten, diese Theorie aufrechtzuerhalten, ergeben sich daraus, daß sie nicht in der Lage waren, ein bloßes Ich anzunehmen. (Das Wort »bloß« bedeutet dabei, daß das Ich – wie jedes andere Phänomen – ausschließlich abhängig existent ist; es schließt jede Form eines unabhängigen, inhärenten Seins aus). Nun, aus buddhistischer Sicht gibt es ein solches bloßes Ich. Wir können zum Beispiel sagen, daß wir hier im Raum fünf Personen sind, vier männliche Personen und eine weibliche Person. Der Begriff der Person, den wir benutzen, wenn wir sagen, daß wir fünf Personen sind, umfaßt also sowohl Männer als auch Frauen. In diesem Zusammenhang gibt es die Problematik, die Existenz des Allgemeinen und dessen Verhältnis zu den besonderen Einzelfällen zu erklären. Zu diesem Thema gibt es viele Theorien und Auseinandersetzungen. Doch als Buddhisten akzeptieren wir die bloße Person.

Es gibt ein allgemeines Phänomen Person, und wir fünf Menschen gehören alle zu dieser Kategorie der Person. Nur weil es diese allgemeine Kategorie gibt, können wir überhaupt jemandem die Frage beantworten, ob sich hier im Raum eine Person befindet oder nicht. Wir können miteinander kommunizieren und uns verständigen. Doch wenn wir analysieren, was genau diese Person ist, so können wir sie nicht finden. Diese Tatsache zeigt, daß es ein bloßes Ich gibt. Betrachten wir nun eine besondere Person, so können wir außer diesem Körper und Geist nichts als das Ich oder das Selbst bestimmen. Das Selbst ist daher eine bloße Benennung in Relation zu der Kombination von Körper und Geist. Weil es nur benannt ist, gibt es kein unabhängiges, von Körper und Geist substantiell verschiedenes Ich oder Selbst. Die buddhistische Schlußfolgerung ist daher, daß das Ich ein *bloßes* Ich ist, das als Benennung auf der Grundlage der Kombination der fünf körperlichen und geistigen Aggregate, der *skandhas,* existiert; mit anderen Worten auf der Grundlage der Kombination von Körper und Geist.

Wenn wir von Körper oder Geist reden, so ist damit allerdings nicht nur dieser grobstoffliche, sichtbare Körper und die grobe Ebene des Geistes gemeint; es gibt darüber hinaus noch subtilere Ebenen von Körper und Geist. Diese subtileren

Ebenen existieren selbst dann noch, wenn sich der sichtbare, solide Körper und die grobe Ebene des Geistes aufgelöst haben. So besteht selbst dann die Grundlage des bloßen Ich weiter. Wenn wir nun nicht zwischen den gröberen Ebenen und den subtileren Ebenen von Körper und Geist differenzieren, können wir allgemein sagen, daß immer ein Kontinuum von Körper und Geist besteht. Dieses Kontinuum ist die Grundlage des bloßen Ich, das seit anfangsloser Zeit existiert. In einzelnen Existenzen können sich dann aufgrund des ununterbrochenen Kontinuums des subtilen Körpers und des subtilen Geistes zeitweilig ein grobstofflicher, solider Körper und gröbere Ebenen des Geistes entwickeln, wie wir sie jetzt besitzen."

PM: „Dieser Prozeß ist anfangslos; ist er auch endlos?"

DL: „Vom Standpunkt des Mahayana-Buddhismus ist er auch endlos. Dagegen nimmt das Theravada-System an, daß es keine weitere Fortsetzung des Ich gibt, wenn jemand die Buddhaschaft erreicht hat und dann stirbt. Das ist die Lehrmeinung der Vaibhasika-Schule. Doch die Cittamatra- und Madhyamaka-Schule im Mahayana vertreten die Meinung, daß das Kontinuum des Geistes weitergeht. Die grundlegende Theorie dabei ist: Auf der subtilen Ebene, der Ebene seiner eigentlichen Natur, ist der Geist rein. Weil die grundlegende Natur des Geistes rein ist, gibt es keinen Grund für die Annahme, daß der Geist selbst auch aufhören müßte, wenn alle Befleckungen zu einem Ende gebracht wurden und der Geist vollkommen geläutert ist. Der Geist besteht weiter. Genauso setzt sich auch die Materie in verschiedenen Formen immer weiter fort. Das Kontinuum ist anfangslos, und es hat kein Ende.

Betrachten wir den Begriff des Ich etwas näher. Nehmen Sie meine Person als Beispiel. Ich kann sagen, daß ich ein buddhistischer Mönch bin. Doch als ich fünf Jahre alt war, hätte ich das nicht von mir sagen können. Außerdem bin ich ein Tibeter. Dieses Ich existiert seit meiner Geburt; es war schon da, aber das Ich, welches Mönch ist, war noch nicht entwickelt. Im Alter von sieben Jahren nahm ich das Mönchsgelübde. Zu dem Zeitpunkt begann das Ich, das ein Mönch ist. Nun bin ich ein Flüchtling. Das Ich als Flüchtling existiert erst nach dem Beginn des Jahres 1959. Ich kann also festhalten: Das Ich, welches ein Mensch ist, ist sozusagen ein größeres Ich. Das Ich, welches schon zur Zeit meines vorherigen Lebens existierte, ist noch größer. Das Ich dieses Lebens ist kürzer. Innerhalb dieses Ich ist das Mönchs-Ich wiederum kürzer, und das Flüchtlings-Ich ist noch kürzer.

Daran können Sie erkennen, daß auf einer Grundlage viele Attribute als Benennungen existieren, die von einer Entität, aber begrifflich verschieden sind.

Wir nehmen also im Buddhismus den Begriff des »Bloßen« an, (der die relative, abhängige Gültigkeit der Phänomene bestätigt und jede unabhängige, inhärente Existenz der Phänomene verneint.) Wir nehmen jeweils ein »bloßes« Phänomen an; und auf diese Weise existiert auch das Ich als Benennung abhängig von Körper und Geist. In dieser Weise sind alle die verschiedenen Dinge und Vorgänge möglich. Doch wenn wir eine Art solider, unabhängiger Basis benötigten, müßten in meinem Fall heute tatsächlich drei substantiell verschiedene Ichs existieren: das Ich, das von Geburt an besteht, also das Ich als Tibeter; dann das Ich als Mönch; und schließlich das Ich als Flüchtling. In Wirklichkeit ist das nicht der Fall; es gibt nur ein Ich, das aber vielfältige Aspekte besitzen kann. In dieser Weise können wir akzeptieren, daß es ein Tibeter-Ich, ein Mönchs-Ich und ein Flüchtlings-Ich gibt.

In diesem Zusammenhang gibt es auch einen Unterschied zwischen der unmittelbaren Wahrnehmung und dem begrifflichen Denken bei dem Akt der Erkenntnis zu beachten. Es wird gesagt, daß sprachliche und gedankliche Begriffe selektiv, durch Ausschluß operieren, während die unmittelbare Wahrnehmung in bestätigender Weise das Objekt erkennt. Um ein Beispiel zu geben: Wenn ich auf eine Blume schaue, so sieht das Augenbewußtsein tatsächlich die Farben, die Gestalt und auch andere Aspekte, wie die momentane Veränderung der Blume, obgleich sich das geistige Bewußtsein dieser vielfältigen Aspekte nicht unbedingt bewußt wird. Es wird angenommen, daß sämtliche Attribute der Blume den Sinnen erscheinen. Mit anderen Worten, das Objekt wird als Ganzes wahrgenommen, aber nicht unbedingt bewußt festgestellt. Der Erkenntnisvorgang des begrifflichen Denkens ist anders beschaffen. Das Denken operiert ähnlich wie Worte. Wenn ich zum Beispiel an die Farbe der Blume denke, so greift dieser gedankliche Begriff der Farbe nur einen Aspekt heraus, obwohl es noch viele andere Aspekte gibt, wie die Farbenvielfalt, die Gestalt, den Geruch, die augenblicklichen Veränderungen und ähnliches. Das gleiche gilt für das Wort »Farbe«. Es greift nur eine der Eigenschaften heraus und beschreibt nicht deren Gesamtheit. Gedanken und Worte beziehen sich nur auf einen einzigen Teil, wobei sie alle anderen Aspekte ausschließen. Deshalb werden sie als Subjekte bezeichnet, die ausschließend oder selektiv operieren. Dagegen erfaßt eine unmittelbare Wahrnehmung, wie beispielsweise das Augenbewußtsein, das ganze Objekt und wird daher als Subjekt bezeichnet, das bestätigend agiert.

Auch das Ich hat vielfältige Aspekte. Doch wenn wir das Wort »Ich« benutzen, beziehen wir uns nur auf einen Teil.

Vielen Dank.“

PM: „Vielen Dank für das Gespräch. Ich wünsche Ihnen und Ihrem Volk alles Gute.“

Ausgewählte Bibliographie

1) Die Gespräche in Bodhgaya, Grafing 1989
2) Die Vorträge in Harvard, Grafing 1991
3) Yoga des Geistes, Hamburg 1991[2]
4) Brücken zur Freiheit, Hamburg 1995
5) Im Einklang mit der Welt, Berg.-Gladbach 1993
6) Gesang der inneren Erfahrung, Hamburg 1993
7) Das Buch der Freiheit (Autobiographie), Berg.-Gladbach 1990
8) Theologie und Buddhismus (hrsg. von Hank Troemel), Satteldorf 1994
9) In die Herzen ein Feuer, München 1995

Peter Michel

– KRISHNAMURTI –

Freiheit und Liebe

Annäherung an ein Geheimnis

Die erste unabhängige Krishnamurti-Biographie. Die erste umfassende Analyse des geheimnisvollsten spirituellen Lehrers dieses Jahrhunderts, die nicht von einem unmittelbar mit Krishnamurti und seinem Werk verbundenen Autor verfaßt wurde. Erstmals wird in dieser Arbeit eine kritische Würdigung von Leben und Werk Krishnamurtis versucht. Neben den Zeugnissen jener Menschen, die Krishnamurti jahrelang begleiteten, werden auch Dokumente aus der Frühzeit der Theosophischen Gesellschaft herangezogen, die Licht auf die mysteriösen Geschehnisse der Jahre 1909-1929 werfen.

Die Biographie teilt sich in zwei große Bereiche. Im ersten Teil wird der Versuch unternommen, die rätselhafte Gestalt Krishnamurtis auf der Grundlage seiner mystischen Prozesse und der psychologischen Strukturen zu verstehen. Der zweite Teil enthält eine konzentrierte Synthese der wesentlichen Elemente seiner „Lehre“.

Das Besondere der Biographie von Peter Michel liegt in der Berücksichtigung von Quellenmaterial, das bisher noch keine Beachtung fand, in der Dokumentation zahlreicher persönlicher Erlebnisberichte und in der Untersuchung auch von kritischen Stimmen. Auch die kürzlich erhobenen Vorwürfe, Krishnamurti habe bezüglich persönlicher Beziehungen viele Geschehnisse verheimlicht, wird einer eingehenden Untersuchung unterzogen.

Der Anhang enthält die zur Zeit vollständigste Dokumentation der Werke Krishnamurtis und der wichtigsten Sekundärliteratur.

ISBN 3-89427-018-7